COLOR TEST SHEET

Very Sweary Vibes

Very
Sweary
Vibes

Very Sweary Vibes

Very Sweary Vibes

Very Sweary Vibes

Very
Sweary
Vibes

Very
Sweary
Vibes

Very
Sweary
Vibes

Very Sweary Vibes

Don't let the fuckers get you down

Very Sweary Vibes

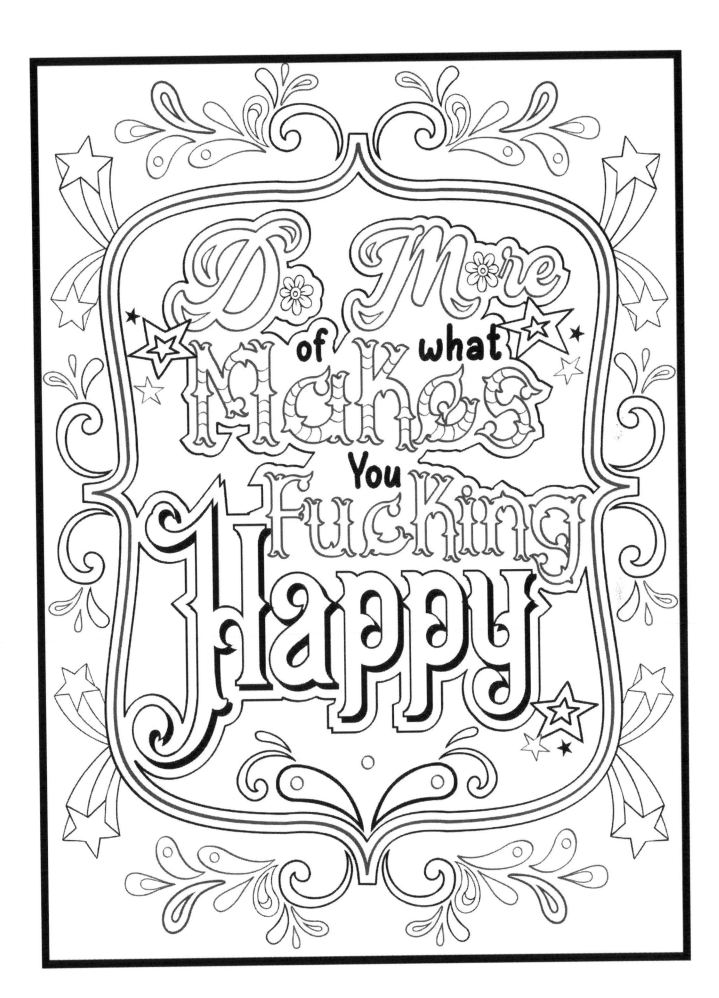

Very
Sweary
Vibes

Very
Sweary
Vibes

Very
Sweary
Vibes

Very
Sweary
Vibes

Very Sweary Vibes

Very Sweary Vibes

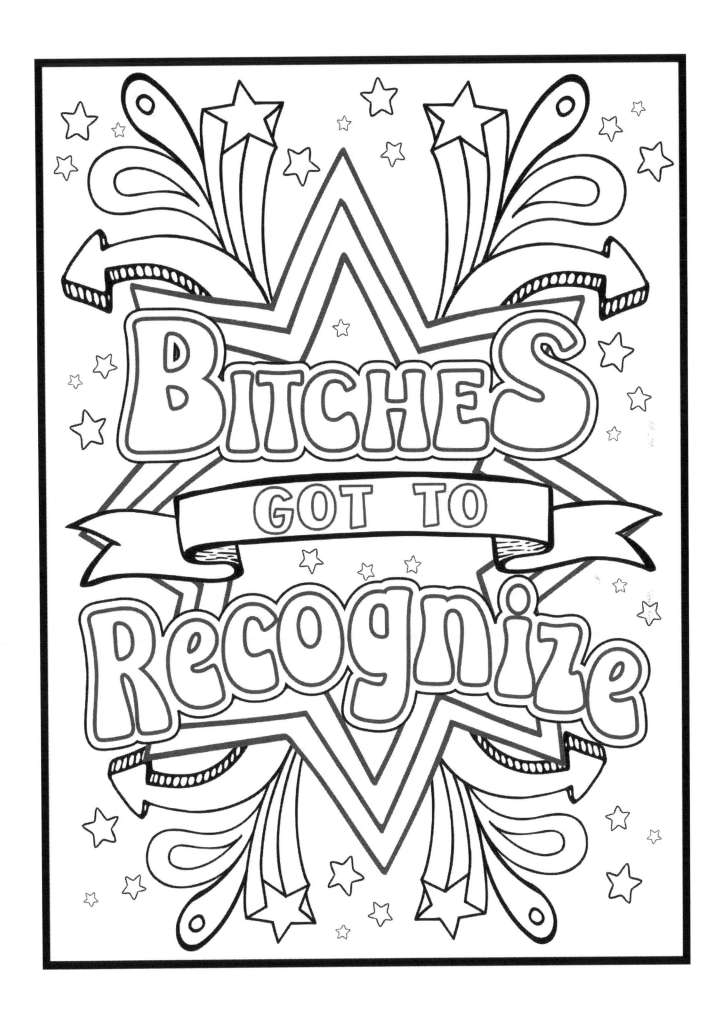

Fun fact:
I don't
give a
Fuck

Very Sweary Vibes

Very Sweary Vibes

Very
Sweary
Vibes

Very Sweary Vibes

Very
Sweary
Vibes

Very Sweary Vibes

Very Sweary Vibes

Very
Sweary
Vibes

Very
Sweary
Vibes

Very Sweary Vibes

Very
Sweary
Vibes

Very
Sweary
Vibes

Very Sweary Vibes

Very Sweary Vibes

Very
Sweary
Vibes

Very Sweary Vibes

Life's about Kicking Ass not Kissing it

Very
Sweary
Vibes

Very Sweary Vibes

Very
Sweary
Vibes

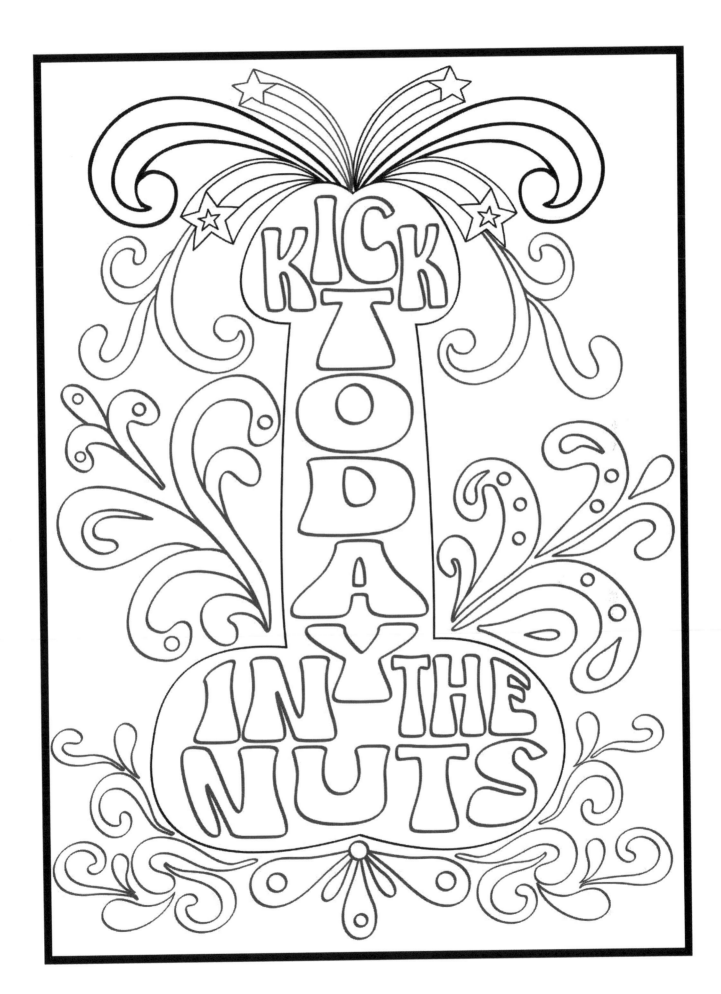

Very Sweary Vibes

Very
Sweary
Vibes

Very
Sweary
Vibes

Very
Sweary
Vibes

Very
Sweary
Vibes

Very Sweary Vibes

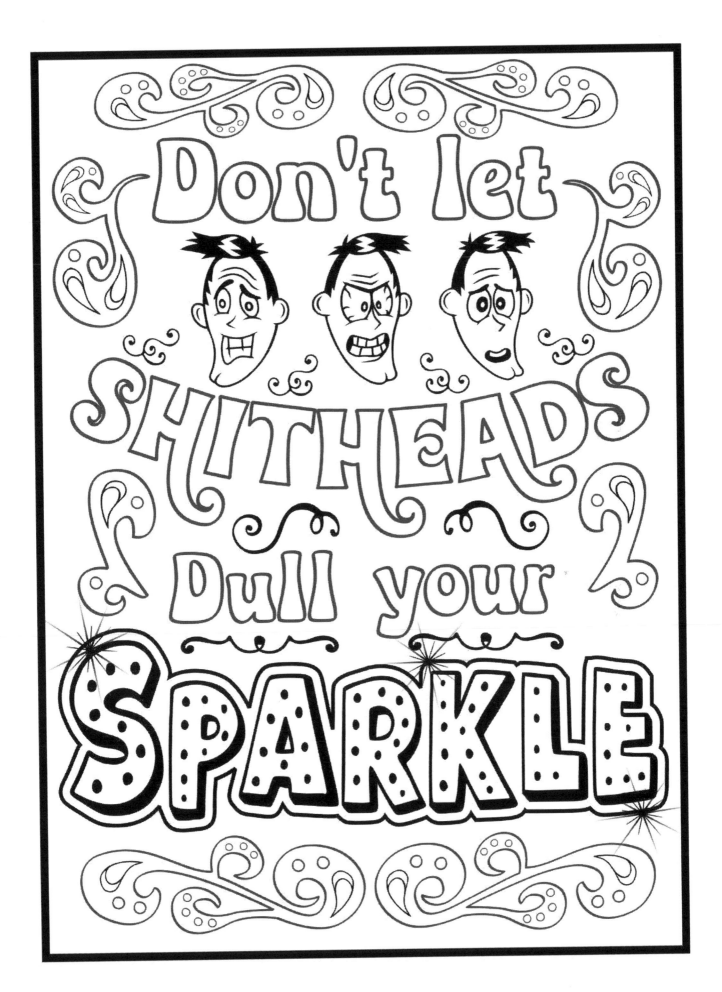

Very
Sweary
Vibes

Very
Sweary
Vibes

Very
Sweary
Vibes

Very Sweary Vibes

Very
Sweary
Vibes

Very Sweary Vibes

Made in the USA
Columbia, SC
07 October 2024

43787065R00061